JAHN J KASSL

KRISTALLWÜRFEL DES AUFSTIEGS

JAHN J KASSL

KRISTALLWÜRFEL DES AUFSTIEGS

KRISTALLWÜRFEL DES AUFSTIEGS
CHRISTUSBEWUSSTSEIN 11
CB11

ADAMA VON TELOS
DIE ELOHIM
JAHN J KASSL

LICHTWELTVERLAG
WIEN

1. Auflage 2015

Lichtweltverlag JJK OG, Albertgasse 49/13+14, A-1080 Wien
E-Mail: office@lichtweltverlag.com
Telefon +43 (1) 944 65 09
Telefax +43 (1) 253 30 33 1750

www.lichtweltverlag.com

 Konzept, Typographie, Gesamtgestaltung, Satz: Jens Schnabel. Gesetzt aus Gotham und Didot von Hoefler & Co.

Druck und Gesamtherstellung: Druckerei Janetschek GmbH, Heidenreichstein, Waldviertel. Gedruckt in Österreich auf PEFC-zertifiziertem Papier Magno Gloss, chlorfrei gebleicht, aus nachhaltig bewirtschafteten Wäldern und kontrollierten Quellen.

ISBN 978-3-9502852-7-7

Fürchtet Euch niemals
vor dem Neuen,
fürchtet Euch nur davor,
Alles beim Alten zu lassen.

Inhalt

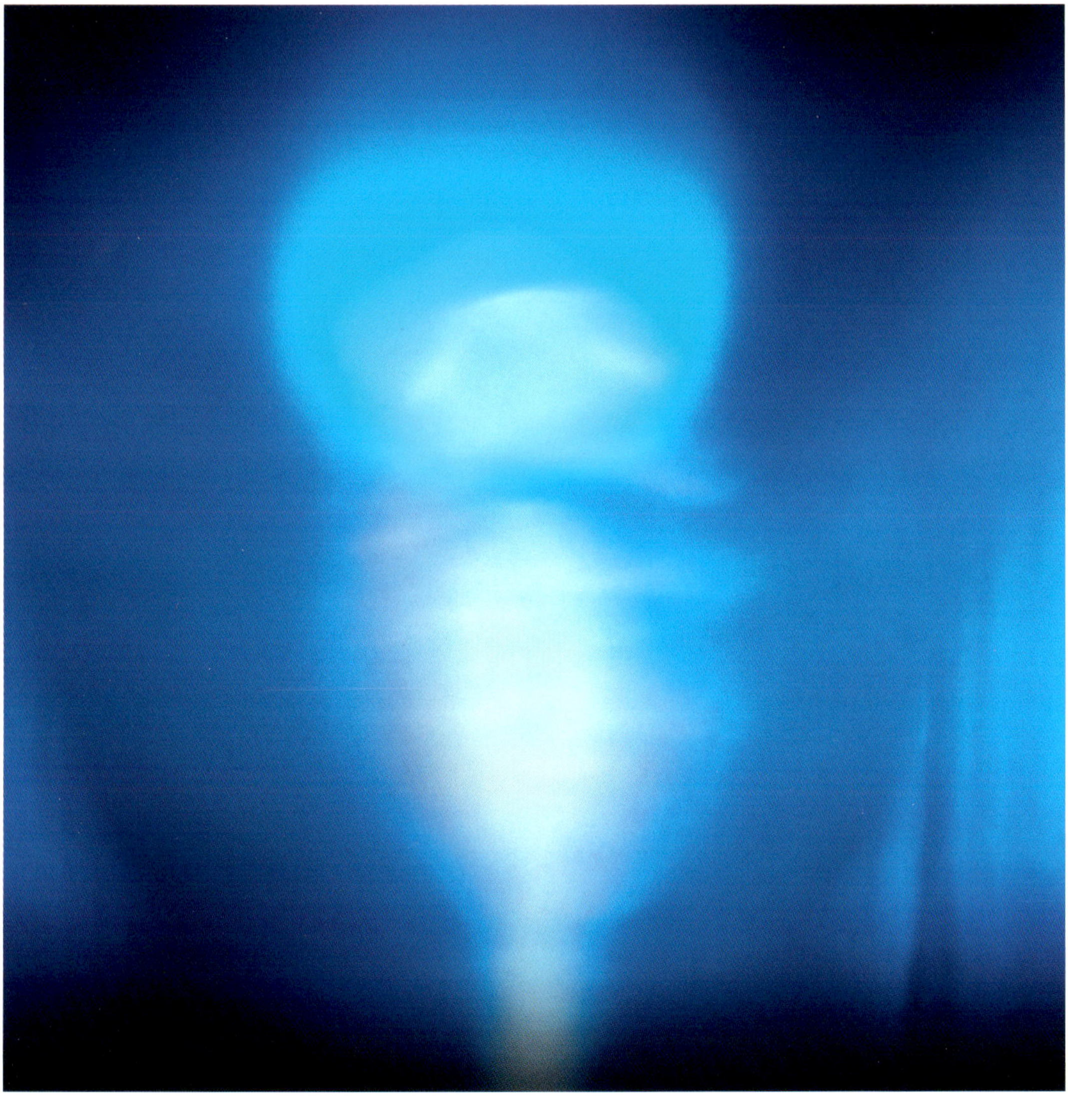

Einleitung

Geschätzter Leser!

Das einmalige Geschenk, der „KRISTALLWÜRFEL FÜR DEINEN AUFSTIEG“ wurde mir im Januar 2014, während das Buch „TELOS - WILLKOMMEN IN AGARTHA“ durchgegeben wurde, von ADAMA VON TELOS und den ELOHIM übertragen.

Seither ist die Aufstiegsdynamik wahrlich ehrfurchtgebietend und längst ist der Punkt in der Zeit erreicht, an dem sich der Wandel auch auf unserer Ebene manifestiert. Nichts beschreibt dies mehr als die Tatsache, dass die alte Welt vor unseren Augen aus den Fugen gerät und dass eine neue Welt Form annimmt. Das beginnt sich abzuzeichnen – täglich mehr, unübersehbar und überdeutlich.

Dabei kommt uns Menschen die größte Aufgabe zu, nämlich sich von den Ereignissen und den Entladungen auf dieser Welt nicht vereinnahmen oder gar übernehmen zu lassen. Es gilt, konstant an die Urquelle allen Seins, an Gott, angebunden zu sein — und es unter allen Umständen auch zu bleiben.

Die Aufstiegsschwingung zu halten, ist das Um und Auf in dieser uns so fordernden Zeit, in der alles existiert — und das zugleich.

Dafür wurde uns ein einmaliges Geschenk übertragen: der „KRISTALLWÜRFEL DES AUFSTIEGS", zurückreichend in die Zeit von Lemurien und Atlantis. Das Geschenk, welches wir aufgrund unserer „Anstrengungen" und „Erfolge" im Aufstiegsprozess heute erhalten:

> *„ ... seit dem Untergang von Lemurien und Atlantis und dem massiven Macht- und Energiemissbrauch wurde per göttlichem Erlass verfügt, dass keiner Gesellschaft der niederschwingenden Dimensionen (1–4) diese Energien übertragen werden dürfen.*
>
> *Aufgrund der enormen Anstrengungen, die ihr über einen sehr langen Zeitraum unternommen habt und der Erfolge, die ihr in diesem Aufstiegsprozess bereits manifestiert habt, wurde dieser göttliche Erlass von der Urquelle allen Seins aufgehoben und es wird euch nun dieses Geschenk übergeben."* DIE ELOHIM

Dieses Instrument zur direkten Vermittlung von purer göttlicher Lichtschwingung, kann durch jeden von uns aktiviert werden. Durch die „Aktivierung" wird Heilenergie freigesetzt und die bleibende Anbindung an die Aufstiegsschwingung ist garantiert.

Es gilt, die „Flammen des Aufstiegs“ und die „Schwingung der Wahrhaftigkeit und Liebe“ tief und fest zu verankern. Dadurch ist der Weg ins Licht geebnet, der Schutz vor jeder dunklen Macht vollkommen und der Aufstieg in die fünfte Dimension des Seins unumkehrbar.

Die Arbeit mit dem Kristallwürfel ist einfach, wenngleich sehr fordernd, da das göttliche Licht unbestechlich ist und wirkt. Sobald der Würfel „gefallen“ ist, wirst Du mit Deinem eigenen Schatten konfrontiert und Du erfährst eine einmalige Begegnung mit Dir selbst.

Jede „Aktivierung“ des Kristallwürfels ist ein Auftrag an das göttliche Licht, die Selbstheilung zu erwirken und ist eine Einladung an die Aufgestiegenen Meister, die Erzengel und die himmlischen Lichtwesenheiten, in unsere Gegenwart zu treten und ihr heiliges Werk an uns zu verrichten.

Pure göttliche Lichtschwingung, in einer bisher unerreichten Frequenz, flutet unser Wesen und wir vollenden uns in der Liebe und in der Gnade Gottes.

Bitte wende dieses bedeutende Geschenk im vollen Bewusstsein der Kraft und Wirkung an, die davon ausgeht – und im Wissen der Macht und Freiheit, die Dir dadurch verliehen wird.

Eine Verantwortung, der wir heute gewachsen sind, da wir unser dunkles Erbe vom Untergang Lemuriens und Atlantis angenommen, vor Gott erlöst und ins Licht entlassen haben.

Deinem Aufstieg steht heute nichts mehr im Wege. Das heilige Geschenk dafür ist jedem Menschen überreicht: der „Kristallwürfel des Aufstiegs“ aus dem Erbe von Atlantis.

In Liebe,

JAHN J KASSL

Mit der Aktivierung des "Kristallwürfel des Aufstiegs"
ist Euch eine neue Dimension der Schöpfung zugänglich.

ADAMA VON TELOS

Kristallwürfel des Aufstiegs wird überreicht

Geliebte Geschwister der oberen Erde,

Brüder und Schwestern dieser Welt, die sich nun vor Euren Augen auflöst und die sich in der Zeit verliert, da Ihr ins zeitlose Sein einkehrt. Ich bin ADAMA VON TELOS, Hohepriester und bis zu Eurer Ankunft im Licht Regent dieser Kristallstadt der Liebe im Inneren der Erde.

DAS GESCHENK

Heute komme ich mit einem bedeutenden Geschenk für diese Zeit zu Euch! Ein Geschenk, das Euch dabei unterstützt, licht zu werden und ins Licht zu gelangen.

Nach wie vor gilt es, die Aufstiegsschwingung zu halten und stets in der Liebe, der Fülle und der Allgegenwart Gottes zu bleiben, diesen Anker tief zu setzen und hoch auszurichten, damit Ihr von allem Unheil verschont und damit alle Dramen von Euch fernbleiben. Denn so sich neue kosmische Dramen auf den vergänglichen Welten entladen, ist das Drama einzelner Menschenkinder meist nicht fern.

Heute überbringe ich der Menschheit den „Aufstiegskristall", der, so Ihr ihn aktiviert, in Euch selbst für Klarheit und Ausrichtung sorgt. Jede Stadt der inneren Erde beherbergt riesige, alle Euch bekannten Dimensionen überragende Kristalle. Mutterkristalle, die fest verankert sind und Kristalle, die wir ständig mit uns führen und bei uns tragen.

Diese aktivieren unser Licht oder verbergen es, sie machen uns sichtbar oder unsichtbar, sie schützen uns vor jedem planetaren oder kosmischen Übergriff, sie ermöglichen es uns, in einem Augenblick von einem Ort zum anderen zu gelangen oder zwischen den Zeiten zu reisen. Sie halten unsere Lebenskraft aufrecht — was die Alterung unserer weit feinstofflicheren Körper, als die, die Ihr für Euch beansprucht, verhindert — und wodurch wir ständig an die göttliche Schwingung der Reiche der 6.–12. Dimension angebunden sind. Die Schwingung der fünften Dimension ist in uns selbst lebendig. Diese gehört gewissermaßen zu unserer Grundausstattung und ist unsere Natur. Daher ist es für uns überflüssig, uns besonders darauf auszurichten oder einzuschwingen. Wir sind von dieser hohen Schwingung ständig umgeben, da sie aus uns selbst herausströmt wie eine nie versiegende Lichtquelle aus der Urquelle allen Seins.

Für Euch auf der oberen Erde ist dies jedoch das Gebot dieser Zeit und so wird Euch der „Kristallwürfel des Aufstiegs" *(auch „Aufstiegskristall" oder „Aufstiegswürfel", Anm. JJK)* heute überreicht.

DIES EREIGNET SICH IN FOLGENDEN SCHRITTEN:

1.) Nachdem der „Aufstiegskristall“ beim Lichtweltverlag einlangt, wird dieser von allen Fremdenergien befreit und gereinigt. Der Kristall wird in seine „neutrale“ und ursprünglich lichtvolle Schwingung zurückgebracht.

2.) Der Kristall wird mit der Schwingung des weiß-goldenen Aufstiegsstrahls Gottes bespielt und mit den Aufstiegscodierungen versehen.

3.) Der Kristall wird von ERZENGEL METATRON versiegelt und ist von diesem Moment an in seiner Energie unzerstörbar und durch nichts und niemanden missbräuchlich anzuwenden.

4.) Der Kristall ist einsatzbereit und kann, nach erfolgter Aktivierung, seine heilende Arbeit aufnehmen.

Zu einfach? Merket: Das wahrhaft Göttliche ist immer einfach!

Der Kristallwürfel des Aufstiegs wirkt, sobald dieser durch Euch aktiviert ist.

1. AKTIVIERUNG DES KRISTALLWÜRFELS (heißt: Resonanzfeld erzeugen)

Nimm den Kristallwürfel zunächst in Deine linke Hand.

Umschließe diesen mit Deinen fünf Fingern und sprich die „Aktivierungsformel“.

Daraufhin wiederhole diesen Vorgang, indem Du den Kristallwürfel in die rechte Hand legst und mit Deinen fünf Fingern umschließt.

Die Zahl 5:
Symbol eurer Vollkommenheit (Zahl der Quintessenz)
und Symbol eurer Freiheit (Zahl der Freiheit)

2. AKTIVIERUNGSFORMEL

ICH, (nenne deinen Namen),
AKTIVIERE KRAFT MEINES GÖTTLICHEN BEWUSSTSEINS, DAS ICH BIN, DEN KRISTALLWÜRFEL DES AUFSTIEGS, DIESEN AUFSTIEGS-KRISTALL DER LIEBE.

MEINE ABSICHT IST REIN UND MEIN HERZ IST ERFÜLLT VON DER SEHNSUCHT NACH GOTT: ICH BIN BEREIT, ALLE ENERGIEN DER FÜNFTEN DIMENSION DES SEINS, DAS LICHT, DIE FÜLLE, DIE LIEBE UND DIE ALLMACHT DES SCHÖPFERS, ZU EMPFANGEN.

ICH BIN BEREIT, DAS GESCHENK GOTTES, DAS ERBE VON LEMURIEN UND ATLANTIS, ANZUNEHMEN. MIR IST VERGEBEN UND ICH HABE VERGEBEN. LEMURIEN UND ATLANTIS SIND IN MIR GEHEILT.

HIERMIT AKTIVIERE ICH DIE WEISS-GOLDENE AUFSTIEGSFLAMME DIESES KRISTALLS.

ICH AKTIVIERE DIE FLAMME DES KRISTALLWÜRFELS, DIE MICH STÄNDIG IN DER SCHWINGUNG DER FÜNFTEN DIMENSION HÄLT.

ICH BIN BEDINGUNGSLOS BEREIT, MICH IM ANGESICHT DIESER HOHEN SCHWINGUNG SELBST ZU WANDELN UND MICH DIESER GÖTTLICHEN GNADE ALS WÜRDIG ZU ERWEISEN. ICH BIN MIR DIESER GÖTTLICHEN GNADE UND DER VERANTWORTUNG BEWUSST.
ICH BIN DER ICH BIN.

(Aktivierung beendet)

Es ist jederzeit möglich, diese Aktivierung rückgängig zu machen, das heißt den „Kristallwürfel des Aufstiegs“ zu deaktivieren. Denn es kann durchaus sein, dass die hohen Energien, die von diesem Kristall ausgehen, manchmal zu fordernd sind und dass in Phasen der Integration dieser Energien eine Deaktivierung des Aufstiegskristalls erfolgen muss.

DE-AKTIVIERUNG DES KRISTALLWÜRFELS (heißt: Resonanzfeld stilllegen)

1.) **Nimm, wie bei der „Aktivierung“, den Kristallwürfel zunächst in Deine linke Hand. Umschließe diesen mit Deinen fünf Fingern und sprich die „Deaktivierungsformel“.**

Die Zahl 5:
Symbol eurer Vollkommenheit (Zahl der Quintessenz)
und Symbol eurer Freiheit (Zahl der Freiheit)

Daraufhin wiederhole diesen Vorgang, indem Du den Kristallwürfel in die rechte Hand legst und mit Deinen fünf Fingern umschließt.

DE-AKTIVIERUNGSFORMEL

2.) **Sprich wie folgt:**

ICH, (nenne Deinen Namen), DE-AKTIVIERE KRAFT MEINES GÖTTLICHEN BEWUSSTSEINS, DAS ICH BIN, DIESEN AUFSTIEGSKRISTALL DER LIEBE, DIE WEISS-GOLDENE AUFSTIEGSFLAMME DER FÜNFTEN DIMENSION DES SEINS.

ICH BIN DANKBAR, AUCH WEITERHIN ÜBER DIESE GÖTTLICHE MANIFESTATION VERFÜGEN ZU DÜRFEN. (De-Aktivierung beendet)

Anwendung des Kristallwürfels

ANWENDUNG DES KRISTALLWÜRFELS

Grundsätzlich ist keine spezielle Anwendung nötig, da der Kristall allwissend und im Einklang mit dem Menschen seine Wirkung von selbst entfaltet.

Daher ist es von Wert, diesen — so oft es geht — direkt am Körper zu tragen (nicht unbedingt auf der nackten Haut). Führe den Kristall in der Hosen-, Mantel- oder Handtasche mit. Wichtig ist, dass Du, wo immer Du auch bist, dieser Energie und Schöpferkraft physisch nahe bleibst.

Der Kristall unterstützt Dich ganz praktisch dabei, Deine hohe Licht- und Liebesschwingung zu halten und unterstützt Dich in jedem Augenblick Deines Alltags. In der Betriebsamkeit des Alltags gehen viele Erkenntnisschritte verloren oder waren bisher viele Erkenntnisse unmöglich, da für ein bewusstes Hinblicken oft „keine Zeit" blieb. Dem wirkt der Bergkristallwürfel effizient entgegen und Du kannst dadurch Themen erkennen, die bisher unerkannt blieben.

Die Beschäftigungen des Alltags bieten somit für mangelnde Erkenntnis keine Ausrede mehr. Der Aufstiegskristall hebt Dich aus der Zeit heraus und erschafft neue Heilungsfelder.

Geliebte Geschwister aus der Urquelle allen Seins! Diese Energie, ist sie freigesetzt, beschleunigt Eure Transformation und lässt Euch nach und nach in die Dimension der fünften Schöpfungsebene des Seins gleiten. Dieser aktivierte Kristall bietet auch einen umfassenden Schutz gegen jede kosmische oder planetare Strahlung, die Eurem Wesen Schaden zufügen kann. Dieser Kristall lässt Euch an eure Schöpferkraft herankommen und es wird Euch bewusst, dass Ihr es seid, die Fülle, Heilung und Liebe aus Euch selbst heraus erschafft.

Niemals kann Euch etwas von Außen gegeben werden, was in Euch selbst nicht existiert oder zur Reife gelangt ist.

Der Kristallwürfel des Aufstiegs und die Flamme des Aufstiegs bewirken in Euch selbst Transformationsschritte, die bisher unmöglich waren. Daher ist es für Alle, die sich darauf ganz einlassen, wichtig, dieses göttliche Werkzeug, wo immer es möglich ist, bei sich zu tragen.

Es ist der erste Kristall dieser Ausprägung und dieser Energien, der einer sich im Aufstieg befindenden Menschheit überreicht wird. Denn seit dem Untergang von Lemurien und Atlantis und dem massiven Macht- und Energiemissbrauch wurde per göttlichem Erlass verfügt, dass keiner Gesellschaft der niederschwingenden Dimensionen (1–4) diese Energien übertragen werden dürfen. Aufgrund der enormen Anstrengungen, die Ihr über einen sehr langen Zeitraum unternommen habt und der Erfolge, die Ihr in diesem Aufstiegsprozess bereits manifestiert habt, wurde dieser göttliche Erlass von der Urquelle allen Seins aufgehoben und es wird Euch nun dieses Geschenk übergeben.

Ich bin ADAMA VON TELOS, Hohepriester dieser Kristallstadt der inneren Erde; ich bin damit beauftragt, Euch dieses Geschenk zu überbringen.

Eine große Ehre wird mir zuteil und diese wird auch Euch zuteil. Denn die Zeit, in der Ihr Euch dieser göttlichen Gnade als würdig erweist, ist gekommen. Die Basis dafür ist, dass Ihr alle Verwundungen, die Schmerzen und das Leid — die die Ereignisse von Lemurien und Atlantis in Eure Herzen gruben — erkannt, angenommen und transformiert habt.

Dieses Geschenk ist den Menschen auf der Erdoberfläche, die die obersten 4D-Hologramme besiedeln, heute, hier und jetzt übergeben.

Weitere Einzelheiten und Wirkungsweisen, vor allem Erweiterungen in der Wirkung, werden Euch über das Lichtwelt-Portal zu gegebener Stunde offenbart und übertragen.

Lichtwelt-Portal

LICHTWELT-PORTAL — ERLÄUTERUNG

Das Lichtwelt-Portal ist ein Tor des Aufstiegs, durch das viele Menschen in das Licht gelangen. Durch das bisherige Wirken des Lichtweltverlages wurden bereits neue Wirklichkeiten erschaffen — auch in der feststofflich sichtbaren Welt. Menschen durften erkennen und sich erheben, Mutter Erde konnte durch die Freisetzung von Liebesenergie in den Menschenherzen große Heilungsschritte vollziehen.

In der feinstofflichen Welt wurde, aufgrund dieser bisherigen Manifestationskraft, die vom Wirken des Lichtwelt-Projekts ausgeht, ein Licht-Portal kreiert, das allen Aufsteigenden, die dies für sich so wählen, für ihren Aufstieg zur Verfügung steht.

Vor allem betrifft es jene Menschen, die über die Arbeit des Lichtweltverlags zu sich selbst oder in den Zustand eines „Erwachenden" gefunden haben. Durch dieses reine göttliche Schwingungsfeld wird der Aufstiegskristall „bespielt", das heißt: Das göttliche Licht aus den höchsten Schöpfungsebenen des Seins wird auf diese Eure Ebene „hinuntergebrochen" oder „hinunterverdichtet". Diese spezifische Energie und dieser einmalige Vorgang, werden derzeit ausschließlich durch den Lichtweltverlag manifestiert, da dieser die energetischen Voraussetzungen dafür erfüllt und mit entsprechenden Aufträgen dafür ausgestattet ist.

ZUSAMMENFASSUNG

Für die Menschen auf der Erdoberfläche gilt es in der kommenden Zeit die Lichtschwingung der fünften Dimension konstant zu erreichen und das Energiesystem für die höheren Reiche zu öffnen. Ihr selbst seid die Schöpfergötter, auf die es ankommt. Ihr selbst könnt Euch in die Energie des Kristalls begeben, daraus jeden Nutzen für Euch ableiten und jeden Schutz erhalten.

Ihr selbst seid es, die Ihr mit Eurer reinen Absicht und klaren Ausrichtung den Himmel in Euer Herz bringt. Dies ist von wesentlicher Bedeutung, denn noch ehe Ihr im Himmel von Agartha ankommt und ehe Ihr in den Himmel der fünften Dimension eingeht, gilt es den Himmel in Euch selbst zu erschaffen. Mit der Aktivierung des „Kristallwürfels des Aufstiegs“ ist Euch eine neue Dimension der Schöpfung zugänglich.

Es ist Euch verkündet. Es ist Euch gegeben: vom Boten, der ich bin und der Euch diese wunderbare Botschaft heute überbringen darf. Ich bleibe bei Euch, ich war immer mit Euch, ich bin ewiger Teil von Euch — und Ihr seid unvergänglicher Teil von mir.

Wir sind wahrlich Eins.

ADAMA VON TELOS
Hohepriester von Telos

KRISTALLWÜRFEL DES AUFSTIEGS IN ANWENDUNG UND WIRKUNG

DIE ELOHIM

CHRISTUSBEWUSSTSEIN 11 (CB11)

ARBEITEN MIT DEM AUFSTIEGSWÜRFEL

DIE SIEBEN GÖTTLICHEN STRAHLEN

ARBEITEN MIT DEM AUFSTIEGSWÜRFEL IN DER GRUPPE

ES IST AN DER ZEIT, EUCH DIE GABEN DES HIMMELS AUS DEM ERBE VON ATLANTIS ZURÜCKZUBRINGEN.

Es ist Zeit, diese Gaben aus dem Licht in Eure Hände und in Eure Verantwortung zurückzugeben.

Es ist Zeit dafür, Euch mit den Werkzeugen des Schöpfers auszustatten, damit Ihr die letzten Schritte in das Licht und auf die neuen Ebenen des Seins leicht, zielstrebig und in großer Freude bewerkstelligen könnt.

Es ist an der Zeit, Euch den Aufstiegskristall zu überreichen und Euch dessen Wirkung und die Arbeitsweise, wie Ihr damit umgehen sollt, in vollem Umfang bekannt zu machen.

Wichtig ist, sich der Bedeutung dieses göttlichen Geschenks ganz bewusst zu sein, sich dieser Verantwortung ganz bewusst zu sein, sich in Demut auf die Wirkungsweise des Aufstiegskristalls einzulassen und sich mit diesen Energien in tiefer Hingabe und offenen Herzens zu verbinden. Das Attribut der „Kompromisslosigkeit" erhält von nun an eine neue Bedeutung, denn wer aus tiefster Seele bereit ist, alles auf- und hinzugeben, wird aus der Urquelle allen Seins alles erhalten.

WIR SIND DIE ELOHIM

Wir repräsentieren die höchste Ebene der Schöpfung und wir bringen nun durch den Aufstiegskristall die höchste Lichtschwingung, die der Erde und den einzelnen Menschen derzeit zugänglich gemacht werden kann, zu Euch.

Wir verankern den Aufstiegskristall auf der Erde und wir manifestieren einen neuen Mutterkristall, der sich aus den Reichen der inneren Erde bis zum Ende dieser Galaxie erhebt und ausdehnt.

An diesen Mutterkristall seid Ihr nun direkt angebunden und daraus bezieht der Aufstiegskristall alle kristallinen Energien und die göttlichen Strahlen, mit denen dieser aufgeladen und ausgestattet ist.

Bei all diesen wunderbaren Neuigkeiten und Geschenken, bei aller Fokussierung, bei allem Ernst und der Bedeutung, die dieses Geschenk für Euch hat und haben wird, gilt es die Leichtigkeit und die Freude beizubehalten.

Es gilt, sich spielerisch diesen Energien zu nähern und diese spielerisch in das Leben zu bringen und abzurufen: Immer mit der gebotenen Verantwortung, mit dem Bewusstsein, welche Gnade Euch dadurch zuteil wird, jedoch immer mit der nötigen Leichtigkeit, die benötigt wird, um Heilungen in Freude zu bewirken.

Überwiegt der „Ernst“, die „starre Kontemplation“, dann kann es sehr oft zu Verkrampfungen und zu Blockaden in Eurem Energiesystem kommen, und das wird diesem Geschenk nicht gerecht und soll unbedingt vermieden werden.

Geht mit dem „Aufstiegskristall“ andächtig, behutsam und demütig um. Seid Euch der Verantwortung, der Kraft und Energie, die Euch dadurch zugänglich wird, in jedem Moment bewusst. Jedoch bleibt bei jeder Arbeit mit den göttlichen Strahlen leicht und innerlich beweglich, eine sprudelnde Quelle der Fröhlichkeit, denn dadurch erzeugt Ihr den besten Nährboden für Eure Heilungen und für Eure weitere Bewusstwerdung.

SOMIT GEBEN WIR WIE FOLGT BEKANNT:

Christusbewusstsein 11 (CB11)

Der Bergkristall-Aufstiegswürfel soll alle Zahlen der ersten sieben göttlichen Strahlen beinhalten und die Bezeichnung Christusbewusstsein 11 (CB11) tragen.

GRUNDSÄTZLICH GILT:

Der aktivierte Aufstiegswürfel wirkt immer! Stets den Möglichkeiten und Bedingungen gemäß. Wollt Ihr jedoch bewusst mit einem der sieben göttlichen Strahlen arbeiten, dann geht wie folgt vor:

ARBEITEN MIT DEM KRISTALLWÜRFEL DES AUFSTIEGS

1. Willst Du bewusst mit einem göttlichen Strahl arbeiten, dann gehe in die Stille. Schaffe Dir einen heiligen Raum der Ruhe, in dem sich das Göttliche manifestieren kann.
2. Daraufhin nimm den aktivierten Bergkristall-Aufstiegswürfel in Deine Hand und würfle. Sei Dir gewiss, es wird sich die Zahl oder das Symbol jenes göttlichen Strahls zeigen, welcher Dir in diesem Moment der Gnade am zuträglichsten ist und am besten dient.

3. Danach begib Dich in eine meditative innere Haltung, bleib in der Stille und verzichte dabei unbedingt auf jede „geführte“ Meditation. Falls Dich geeignete Musik, Klänge oder Töne bei dieser Arbeit unterstützen, dann greife darauf zu, es ist jedoch nicht erforderlich. Gib Dich der Wirkung des göttlichen Strahls bedingungslos hin, indem Du selbst erspürst, was sich zeigt, und welches Thema im göttlichen Lichte des göttlichen Strahls, den Du angerufen hast, in Dir aufsteigt. Meditiere darüber, sitzend oder liegend, und gerne kannst Du dabei auch einschlafen.

Die Müdigkeit ist bei solch intensiven energetischen Prozessen ganz natürlich und so gib Dich dieser ohne „Gewissensnöte“ hin. Sehr oft ist der Schlaf der große Heiler und es ist nicht immer nötig, wach zu sein.

So Dein Wach-Sein erfordert ist, wirst Du wach gehalten oder aufgeweckt. Verlass Dich darauf. Deine himmlische Familie verfügt über geeignete Mittel und kennt Dein Wesen, Deine Potenziale und Absichten. Jeder Meister weiß, wie ein neuer Seinszustand in Deinem Herzen verankert werden kann.

Genieße die Gegenwart des Meisters, denn sobald Du gewürfelt hast, betritt der Lenker des spezifischen göttlichen Strahls den Raum und beginnt mit Dir zu arbeiten. Dein Meditationsraum ist und bleibt während des ganzen

Prozesses durch die hohen Meisterenergien aufgeladen, wodurch sehr große Erkenntnisschritte ermöglicht und tief greifende Heilungen bewirkt werden.

Für diese Meditationen benötigst Du mindestens 30 Minuten. Idealerweise sind es 60+ Minuten. Gerne kannst Du diese Arbeit auch vor dem Zubettgehen tun, so Du danach durch nichts abgelenkt bist. Das heißt, so Du von jeder sexuellen Vereinigung mit Deinem Partner absiehst und so Du weder zu einem Buch greifst oder zu sonst üblichen Beschäftigungen, die viele Menschen bei Ihrem Zubettgehen ritualisiert haben.

Das Anrufen (Würfeln) eines spezifischen göttlichen Strahls kann alleine oder in einer Gruppe, die in diesem Geiste zusammentritt, geschehen.

ARBEITEN MIT DEM AUFSTIEGSWÜRFEL IN DER GRUPPE

Kommt zusammen und verabredet Euch zur „Aufstiegsmeditation mit dem Aufstiegskristall". Danach geht wie folgt vor:

1. Stimmt Euch durch Gesang oder meditative Musik, der oder die nur kurz andauern soll, ein.
2. Dann legt Euch nieder oder nehmt auf Eurem Meditationskissen Platz.
3. Würfelt Euren göttlichen Strahl, die Zahl dieses Moments — ein jeder für sich. Dann bleibt gemeinsam in der Stille und meditiert darüber.

4. Das Ende der Meditation wird von dem Leiter der Meditation bestimmt, indem ein sanfter Gongschlag ertönt oder indem durch leise Musik auf das Ende eingestimmt wird.

5. Danach seid frei dabei, von den Heilungen zu berichten oder unterlasst es, so es sich für Euch unstimmig anfühlt. Trinkt Tee oder nehmt ein leichtes Essen ein. Dann verabschiedet Euch, noch ehe Ihr in die Banalität abgleitet, noch ehe Eure Gespräche einen alltäglichen Verlauf nehmen. So weit dazu.

Nun dürfen wir Euch die ersten sieben göttlichen Strahlen und deren Wirkungsweise enthüllen. Vielen sind diese bereits bekannt, manchen jedoch nur wenig. Hier werden die sieben göttlichen Strahlen und deren Wirkungsweise, im neuen Kontext als „Aufstiegsstrahlen" oder „Aufstiegsflammen", ganz auf den Aufstiegswürfel angepasst, durchgegeben.

Das „Erbe von Atlantis" wird durch den Aufstiegskristall und die Aufstiegsflammen im „kosmischen Würfelspiel" erweitert und über das Lichtwelt-Portal zu den Menschen gebracht.

In unendlicher Liebe
DIE ELOHIM

DIE SIEBEN GÖTTLICHEN AUFSTIEGSSTRAHLEN 1-7

DIE ELOHIM

1

ERSTER AUFSTIEGSSTRAHL
KÖNIGSBLAUE AUFSTIEGSFLAMME

IN DER OBHUT VON:
EL MORYA, ERZENGEL MICHAEL

Königsblauer Strahl des göttlichen Willens, der göttlichen Kraft und der Manifestationsimpulse des göttlichen Geistes, der allen Menschen innewohnt.

Weitere Farben:
alle unterschiedlichen Blautöne – Königsblau ist vorherrschend.

Einwirkung:
Hals- oder Kehlchakra.

Themen:
Selbstvertrauen, Mut, Kommunikation, Macht und deren weise Anwendung, Karma-Auflösung, Erreichen von Zielen, Kraft, Schutz.

Affirmation:
Kraft meines göttlichen Willens erschaffe Ich alles, was meinen göttlichen Aufträgen dient.

2

ZWEITER AUFSTIEGSSTRAHL
GELBE AUFSTIEGSFLAMME

IN DER OBHUT VON:
KONFUZIUS, ERZENGEL JOPHIEL

Alles Leben ist in der Weisheit Gottes erschaffen.
Macht Euch diese Weisheit zunutze. Erkennt Euch selbst
als Teil dieser Weisheit und lebt danach.

Weitere Farben:
alle unterschiedlichen Gelbtöne.

Einwirkung:
Kronen- oder Scheitelchakra.

Themen:
Künste, Astrologie, Wissenschaft, Philosophie, Lehrer, Politik, Gesellschaft; erkenne Deinen Platz; Pflanzen und Tiere; generell: die Umwelt und deren Schutz, das Leben und dessen göttliche Erfüllung.

Affirmation:
Ich bin bereit und würdig, meine ganze göttliche Macht zu beanspruchen.

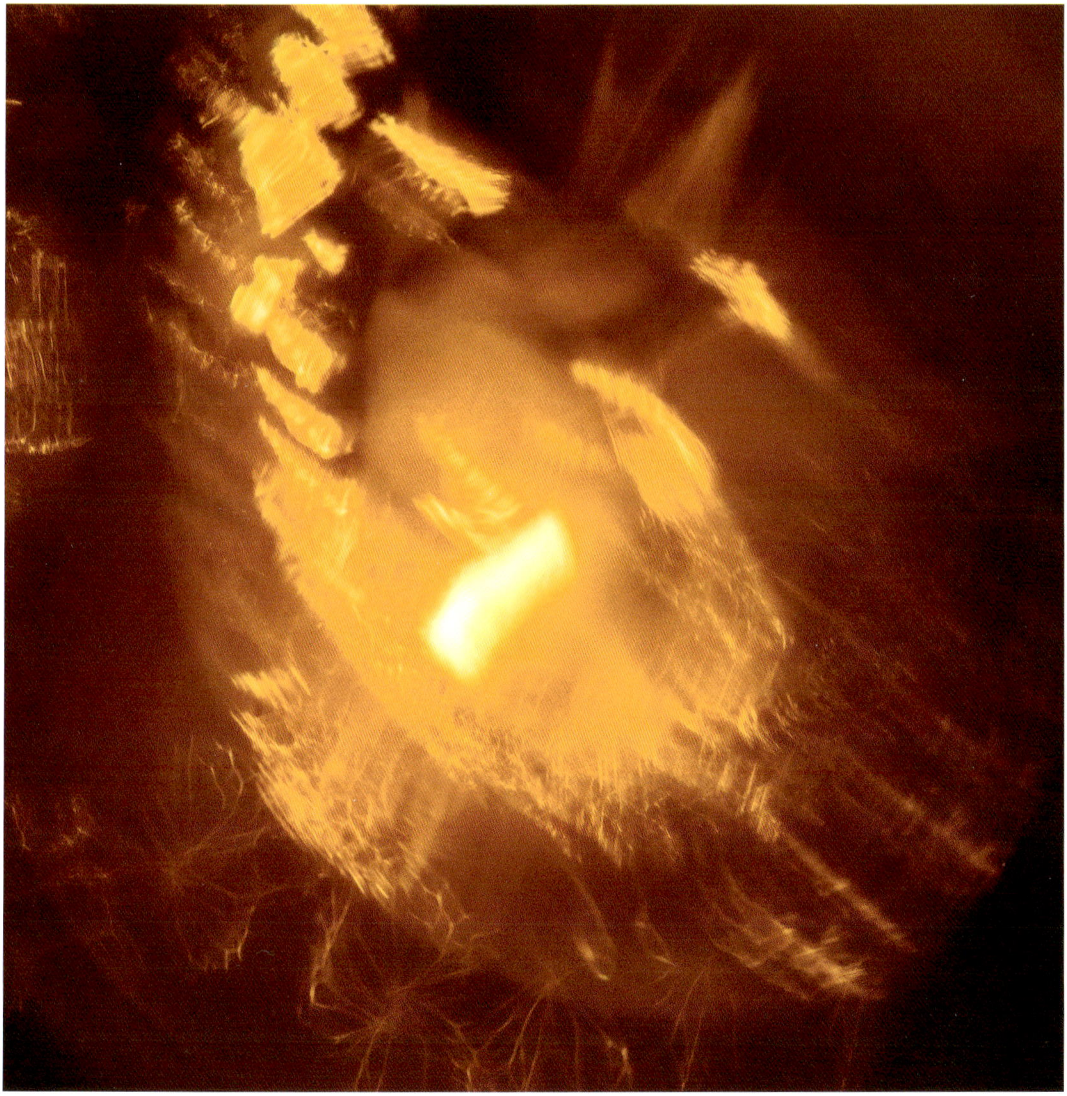

3

DRITTER AUFSTIEGSSTRAHL ROSAROTE AUFSTIEGSFLAMME

IN DER OBHUT VON:
LADY ROWENA, ERZENGEL CHAMUEL

Strahl der göttlichen Liebe und des Christusbewusstseins. Aktiviere Deine Ur-Essenz. Dieser Strahl reinigt und poliert Dein inneres Gefäß und bereitet Dich auf die Erleuchtung vor. Sei bereit, mit dieser, wie mit allen Flammen, bedingungslos zu verschmelzen.

Weitere Farben:
alle hell- und mittelroten Aspekte.

Einwirkung:
Herz-Chakra.

Themen:
Selbstliebe, Nächstenliebe, Kreativität, Schöpferkraft, Schönheit, Mitgefühl, Verständnis, Annehmen; Strahl des inneren Kindes.

Affirmation:
Ich bin der Weg, die Wahrheit und das Leben. Ich bin die Liebe und das Licht.

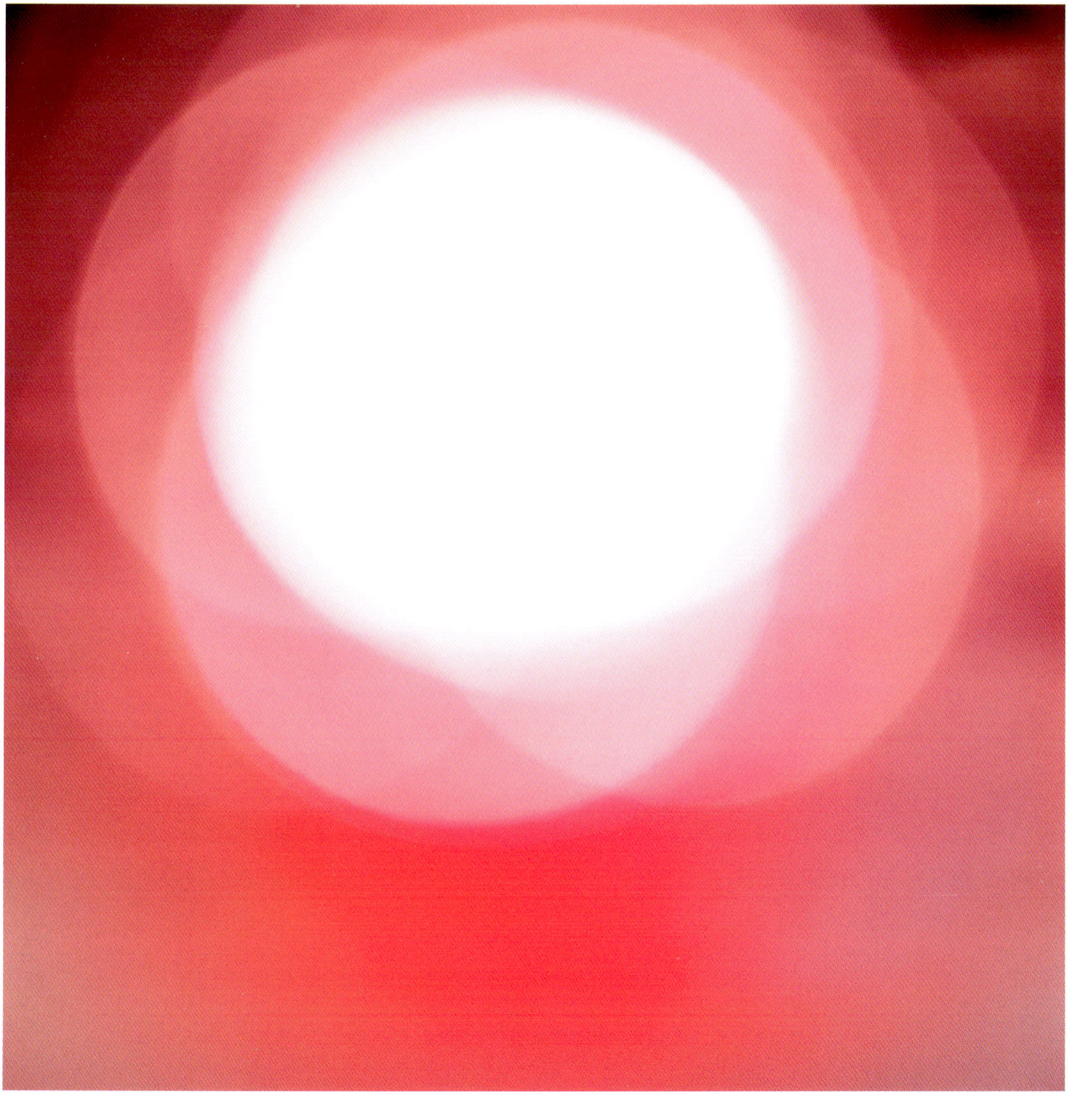

4

VIERTER AUFSTIEGSSTRAHL WEISS-KRISTALLINE AUFSTIEGSFLAMME

IN DER OBHUT VON:
SERAPHIS BEY, ERZENGEL GABRIEL

Aufstiegs- und Erleuchtungsflamme. Pure göttliche Licht- und Liebesschwingung für Dich, der Du in diesem Augenblick bereit bist, die alchemistische Hochzeit vorzubereiten oder diese zu feiern. Reinigt all Deine Körper, klärt Deinen Verstand und entfernt Fremd-Energien. Die unerlässliche Flamme des kristallinen Lichts, von der aus alle Heilungen an der Basis bewirkt werden.

Weitere Farben:
beinhaltet die Schwingung aller Aufstiegsflammen und Aufstiegsfarben.

Einwirkung:
Wurzel- oder Basis-Chakra.

Themen:
Mut, Disziplin, Hingabe, Reinigung, Klärung von Mustern, Auflösen von tief sitzenden Blockaden; bewirkt den Lichtkörperprozess und aktiviert Deinen Lichtkörper.

Affirmation:
Ich bin mit ganzer Seele und bedingungslos für meinen Aufstieg in das Licht bereit.

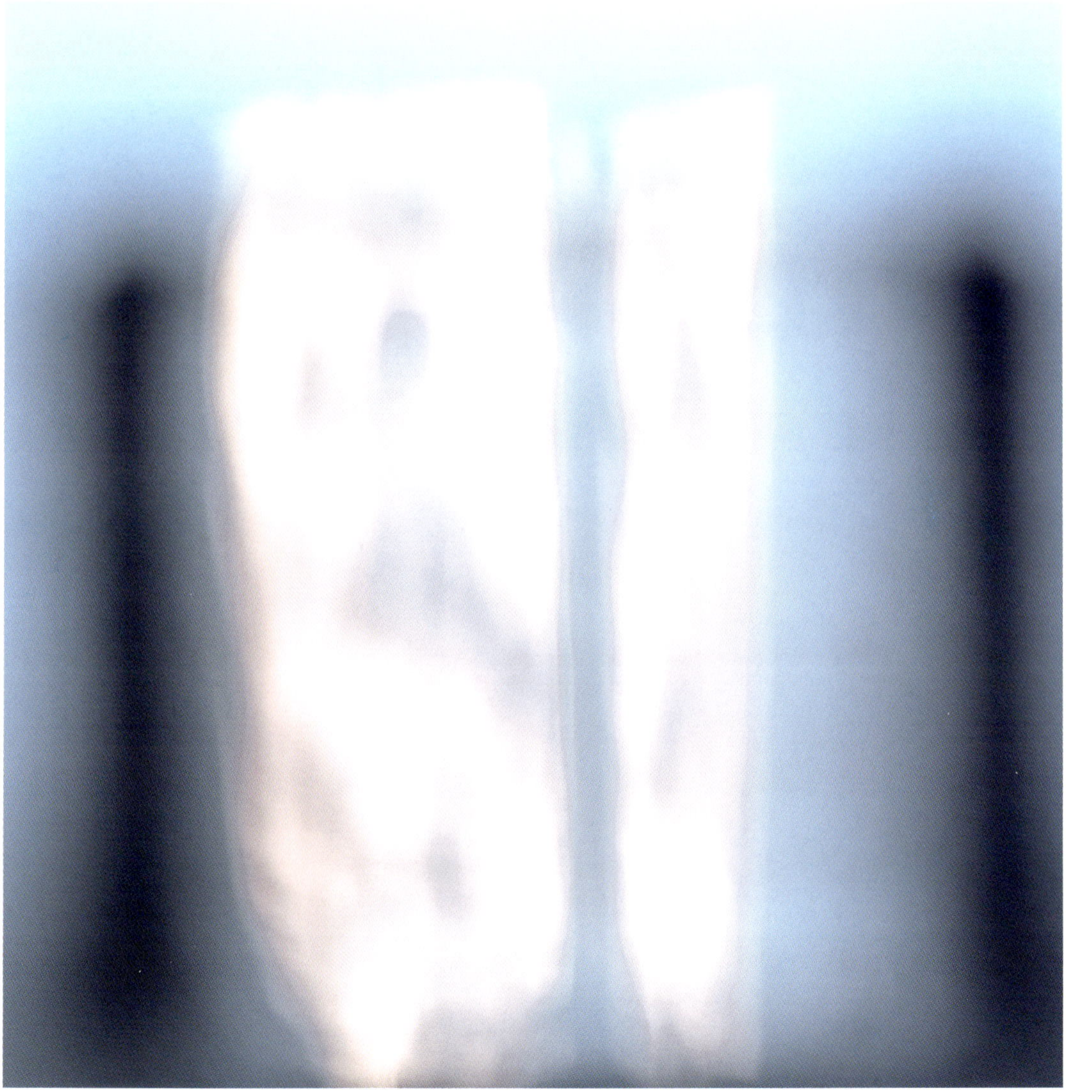

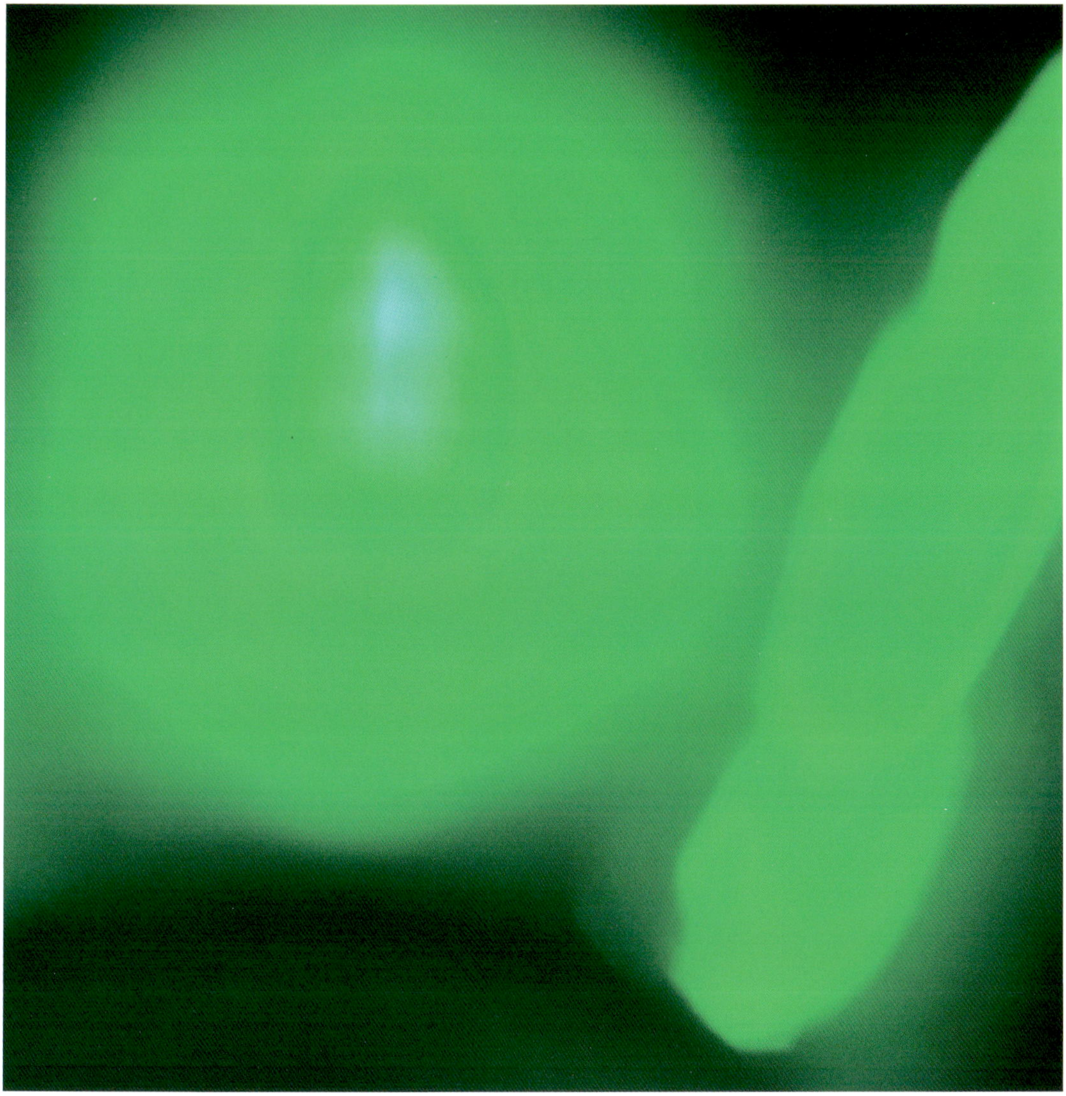

5

FÜNFTER AUFSTIEGSSTRAHL
GRÜNE AUFSTIEGSFLAMME

IN DER OBHUT VON:
HILARION, ERZENGEL RAPHAEL

Heilung an Körper, Geist und Seele. Göttliche Fülle und Selbstermächtigung. Du bist der Schöpfer Deines Lebens, Du bist es, der Gott ist. Werde Dir bewusst, alles — jede Heilung und jede Manifestation — geht von Dir selbst aus.

Weitere Farben:
alle Grüntöne, Smaragdgrün ist vorherrschend.

Einwirkung:
Stirn-Chakra oder drittes Auge.

Themen:
Medizin, Heiler, Ärzte; Edelsteine, Tiere, Kinder; Heilung des emotionalen, mentalen und spirituellen Körpers; Aktivierung des dritten Auges, Entfaltung Deiner Multidimensionalität (Telepathie, Teleportation).

Affirmation:
Ich bin multidimensional, unsterblich und allgegenwärtig.
Ich bin ein heiliges göttliches Wesen.

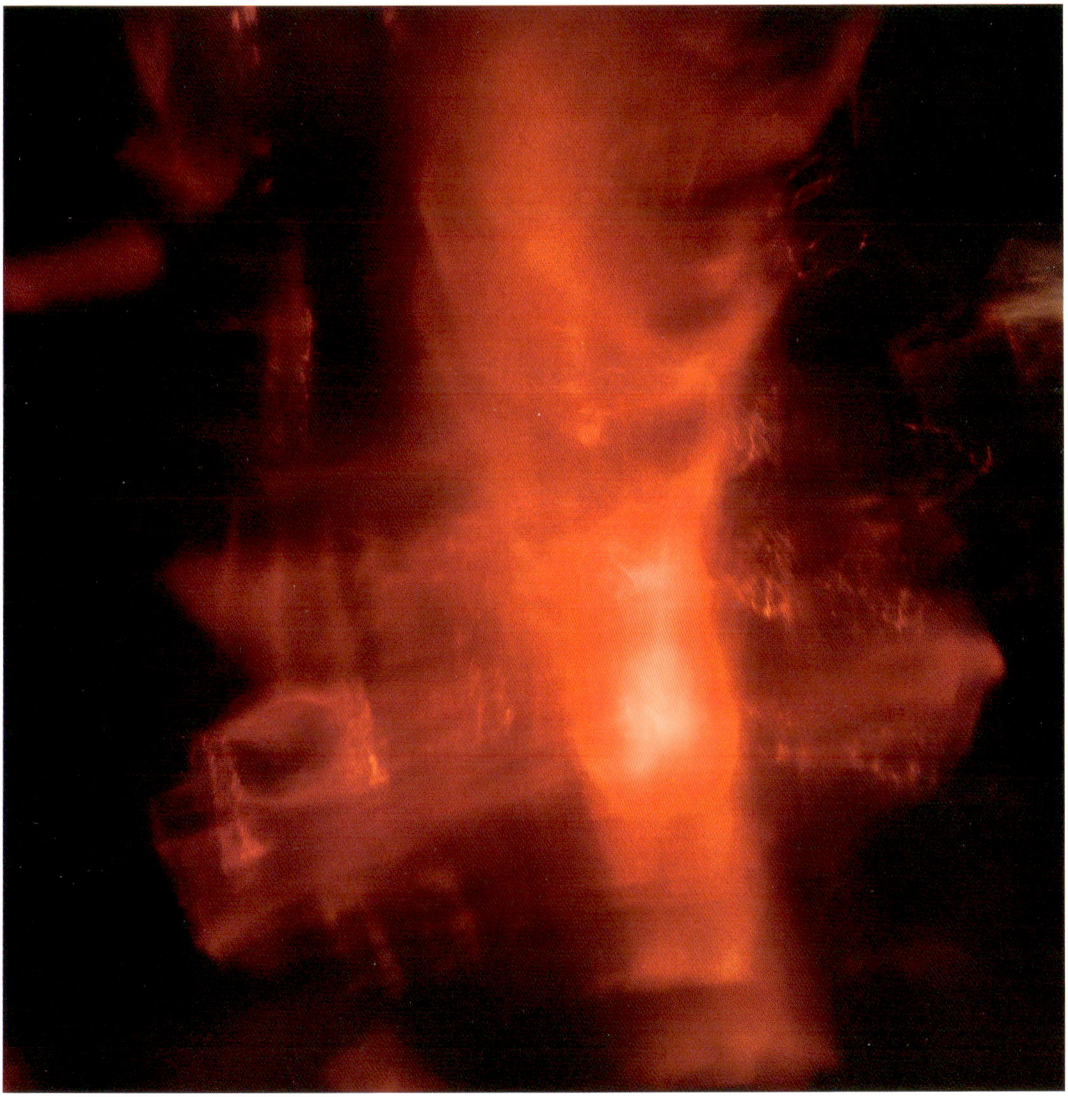

6

SECHSTER AUFSTIEGSSTRAHL RUBINROTE AUFSTIEGSFLAMME

IN DER OBHUT VON:
LADY NADA, ERZENGEL URIEL

Vereinigung der Gegensätze: Mann und Frau, Schwarz und Weiß, Positiv und Negativ, Oben und Unten. Frieden leben, Frieden sein, Frieden bewirken.

Weitere Farben:
alle mittel- und dunkelroten Aspekte.

Einwirkung:
Nabel- oder Solarplexus-Chakra.

Themen:
Sexualität, innerer und äußerer Frieden, Atmung, universelle und individuelle Liebesfähigkeit, Stimme, Sprache, Selbstausdruck; bedingungsloses Dienen, Überwindung des Egos.

Affirmation:
Ich bin mit den weiblichen und männlichen Wesensanteilen in mir im Frieden.
Ich bin vollkommen, als das, was Ich bin.

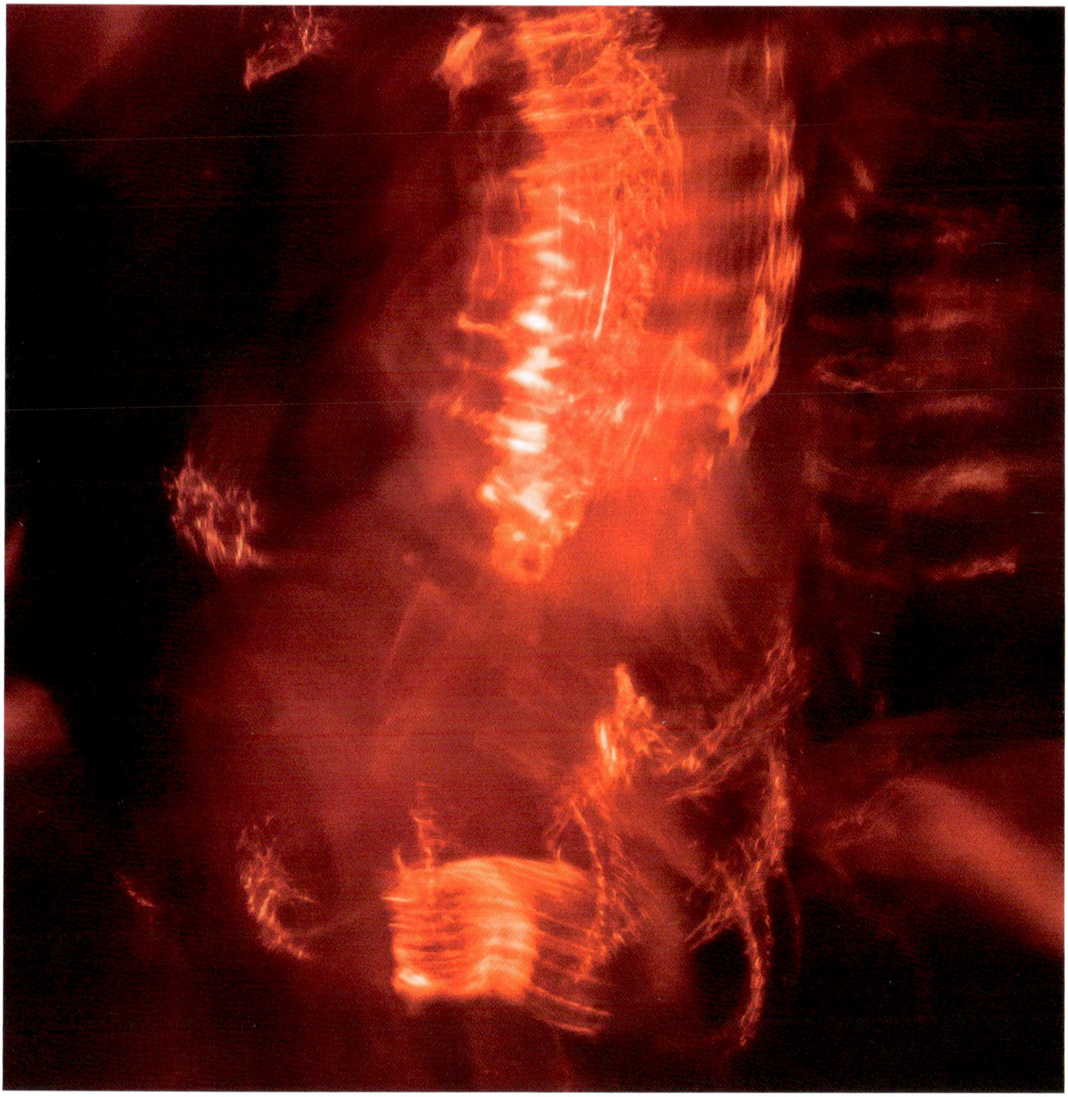

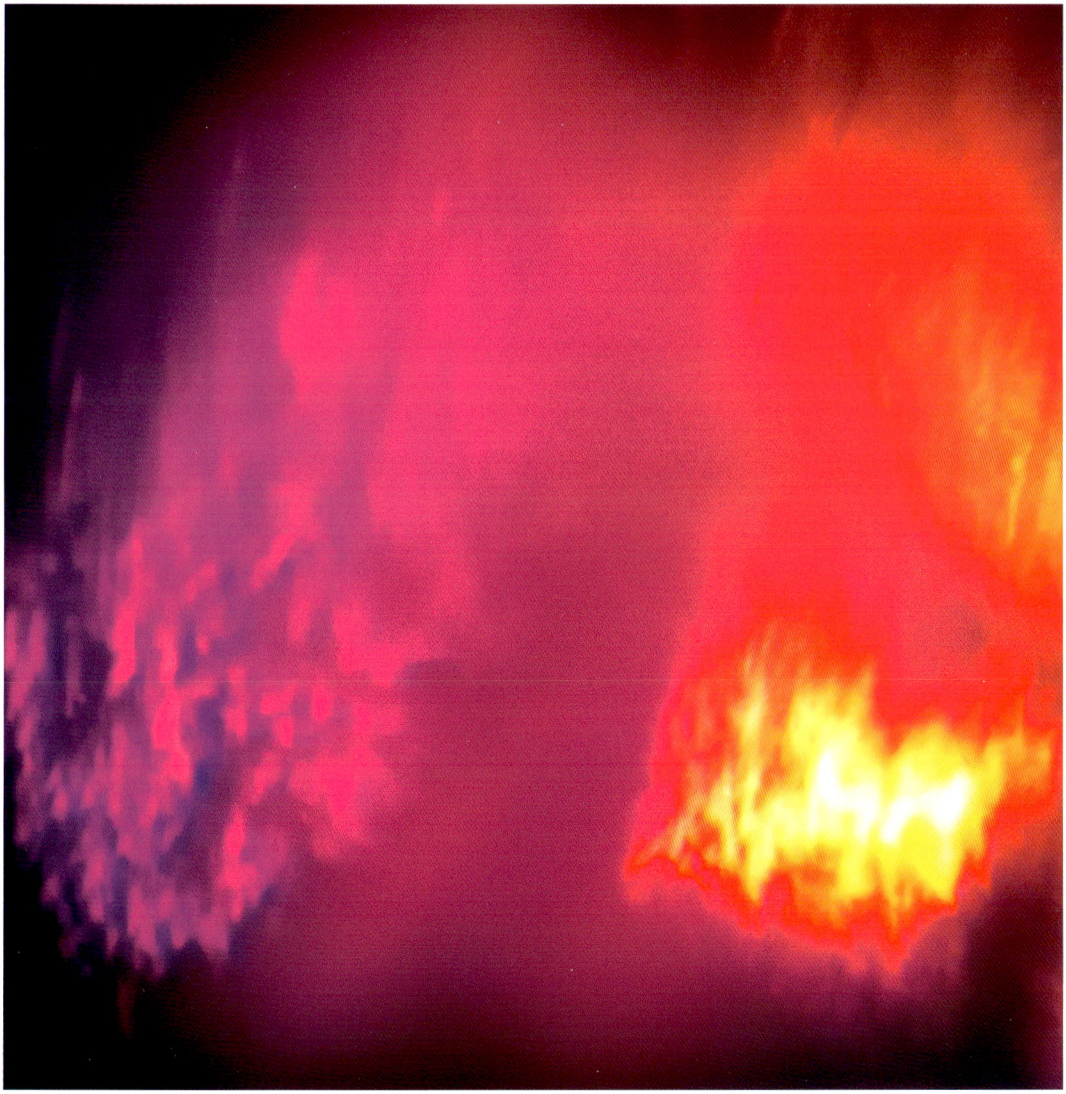

7

SIEBENTER AUFSTIEGSSTRAHL VIOLETT-GOLDENE AUFSTIEGSFLAMME

IN DER OBHUT VON:
ASANA MAHATARI, ERZENGEL ZADKIEL

Strahl der Transformation und Freiheit des menschlich universellen Geistes. Jede Umwandlung ist möglich, jedes Wunder erwirkt. Unedles wird veredelt, die niederen menschlichen Ausprägungen werden entfernt und der Mensch wird in seine Göttlichkeit gebracht. Diese göttliche Flamme der Transformation reinigt Dich, damit Du für alle weiteren Lichtqualitäten empfänglicher wirst. Bediene Dich dieser Flamme vor allem dann, so Du mit Deiner Transformationsarbeit erst begonnen hast oder so sich Glaubenssätze oder Blockaden beharrlich in Dir festsetzen. Dein allwissendes Herz leitet Dich an.

Weitere Farben:
alle Aspekte des violetten und des gold-gelben Lichts.

Einwirkung:
Sakral- oder Sexual-Chakra.

Themen:
Karma, Grenzenlosigkeit, Ego, Vergebung, Verzeihen, Psychologie, Einfühlungsvermögen, Frieden finden, im Frieden sein; Religion, Staat und die Rechtsprechung; jede Heilung ist augenblicklich gegeben, so Du bedingungslos dafür bereit bist.

Affirmation:
Ich bin das Ich bin.

DAS KOSMISCHE WÜRFEL-SPIEL: 1, 4, 5, 6, (9), CB11, 12

DIE ELOHIM

Das kosmische Würfelspiel

Wichtig für diese Arbeit ist es, sich ganz auf die Lichtqualitäten, die Euer allwissender Geist durch das Fallen des Würfels ausgewählt hat, einzulassen. Dieses „kosmische Würfelspiel“ dient Euch, damit Ihr ganz leicht und natürlich zu Euren aktuellen Themen geführt werdet.

Der beste Heiler ist Gott und der beste Heiler seid Ihr selbst, die Ihr die Kraft und Macht des GROSSEN EINEN anerkennt und in Euer Leben bringt.

Gebt Euch diesen Heilungen ganz hin – bleibt niemals in den hier beschriebenen Themen der einzelnen Lichtqualitäten stecken! Kreiert und erschafft neue Wirkungsweisen dieser göttlichen Flammen, geht weiter, weit über diesen Horizont hinaus.

Diese Darstellungen der Strahlen, der Themen und deren Lenker, sollen Euch als Anker und grundsätzliche Orientierung dienen – und Euch nicht zu neuen Fixierungen verleiten.

Obwohl allgültig, sind alle Bereiche der göttlichen Strahlen und deren Wirkung wandelbar und passen sich immer exakt den individuellen Erfordernissen an.

Es ist ein äußerst bewegliches, fließendes und dynamisches Ganzes, ein Prozess, der durch die Strahlen vorangebracht wird, der jedoch von Euch selbst bewirkt ist. Das heißt, viele Themen überschneiden sich, viele Heilungen kommen in unterschiedlichen Facetten vor – und dazu bedarf es der Vielfalt dieser göttlichen Strahlen. Lasst Euch genau auf das Thema, das Euch der Würfel aufzeigt ein, auch unabhängig von diesem Leitfaden und auch dann, wenn es womöglich nicht unter dem Strahl, den Ihr beansprucht habt, genannt ist.

Die Zeit der Selbstermächtigung ist in vollem Gange. Erweitert Euer Wissen durch Eure Erfahrungen und durch Euer Erleben. Partizipiert am Göttlichen – wisset jedoch:

Die Wirklichkeit Gottes, in der Alles zu finden ist,
ist beständig und lebendig in Dir selbst.

Wir sind DIE ELOHIM, wir dürfen Euch das Geschenk des Aufstiegskristalls im Detail vorstellen, und wir werden uns erneut einstellen, so Erweiterungen und neue Lichtqualitäten erforderlich sind für die, die die letzten Schritte in das Licht gemacht haben und somit bereit sind, am „Thron des Aufstiegs" Platz zu nehmen. Was den Aufstiegskristall der nächsten Dimension mit den Strahlen 8-14 (CB44) beschreibt.

In unendlicher Liebe
DIE ELOHIM

GRUNDSÄTZLICHE ANMERKUNG ...

... bevor Du mit dem kosmischen Würfelspiel der sieben göttlichen Strahlen beginnst:

Deine bewusste und reine Absicht bewirkt die Aktivierung des Aufstiegswürfels (siehe Aktivierung) oder bewirkt die Aktivierung eines der sieben göttlichen Strahlen (durch das Würfeln). Die Arbeit mit dem Kristallwürfel kann, ehe unser Wesen geheilt wird, unsere Blockaden zunächst verstärken.

Das heißt, es wird Dir deutlich bewusst, wohin das Licht leuchtet und wo es hinzublicken gilt. Dieser Ablauf ist den meisten Transformationsprozessen zu eigen, da erst dadurch die nötigen Erkenntnisse abgeleitet werden und die darauffolgenden Heilungen gegeben werden können. Sei Dir bewusst, welche Kraft und Lichtintensität durch das Aktivieren des Aufstiegskristalls freigesetzt ist und welche Heilungschancen sich dadurch für Dich eröffnen.

Wende dieses Würfelspiel niemals leichtfertig,
sondern immer achtsam und bewusst an!

JAHN J KASSL

ZAHLEN UND SYMBOLE

DIE ELOHIM

ERSTER AUFSTIEGSSTRAHL

1

DIE KÖNIGSBLAUE AUFSTIEGSFLAMME DES
GÖTTLICHEN WILLENS IST AKTIVIERT.

DAS LICHT WIRKT. DIE MEISTER SIND ANWESEND.

VIERTER AUFSTIEGSSTRAHL

4

DIE WEISS-KRISTALLINE AUFSTIEGSFLAMME
DER ERLEUCHTUNG IST AKTIVIERT.

DAS LICHT WIRKT. DIE MEISTER SIND ANWESEND.

4

FÜNFTER AUFSTIEGSSTRAHL

5

DIE GRÜNE AUFSTIEGSFLAMME
DER HEILUNG IST AKTIVIERT.

DAS LICHT WIRKT. DIE MEISTER SIND ANWESEND.

SECHSTER AUFSTIEGSSTRAHL

6

DIE RUBINROTE AUFSTIEGSFLAMME
DES FRIEDENS IST AKTIVIERT.

DAS LICHT WIRKT. DIE MEISTER SIND ANWESEND.

NEUNTER AUFSTIEGSSTRAHL

9

DIE MAGENTAFARBENE AUFSTIEGSFLAMME
DER HARMONIE IST AKTIVIERT.

(6 UMGEKEHRT ALS 9)

DAS LICHT WIRKT. DIE MEISTER SIND ANWESEND.

C B11

ERSTER JOKER

CB11

CB = ZAHL 5 (ZAHL DER FREIHEIT, ZAHL EURER GÖTTLICHEN QUINTESSENZ)
1 = MEISTERZAHL FÜR MEISTER, DIE IHR JETZT SEID.
(ZUM BESTIMMEN DES MEDITATIONSTHEMAS DIENT DIESES SYMBOL DER
ZAHL DER HEILIGEN SIEBEN — CB11: C = 3 + B = 2, 11 = 1 + 1 — ERGIBT DIE 7

DER SIEBENTE
AUFSTIEGSSTRAHL, DIE VIOLETT-GOLDENE AUFSTIEGSFLAMME DER TRANSFORMATION, IST VORRANGIG AKTIVIERT (C = 3; B = 2; 11 = 1 + 1; QUERSUMME: 3 + 2 + 1 + 1 = 7).
DAS LICHT WIRKT. DIE MEISTER SIND ANWESEND.

DER DRITTE
AUFSTIEGSSTRAHL, DIE ROSAROTE AUFSTIEGSFLAMME DES CHRISTUSBEWUSSTSEINS, IST AKTIVIERT (C = 3). DAS LICHT WIRKT. DIE MEISTER SIND ANWESEND.

DER ZWEITE
AUFSTIEGSSTRAHL, DIE GELBE AUFSTIEGSFLAMME DER GÖTTLICHEN WEISHEIT, IST AKTIVIERT (B = 2). DAS LICHT WIRKT. DIE MEISTER SIND ANWESEND.

DER FÜNFTE
AUFSTIEGSSTRAHL, DIE GRÜNE AUFSTIEGSFLAMME DER HEILUNG, IST AKTIVIERT (C + B = 5). DAS LICHT WIRKT. DIE MEISTER SIND ANWESEND.

DER ELFTE
AUFSTIEGSSTRAHL, DIE PFIRSICHFARBENE AUFSTIEGSFLAMME DEINER GÖTTLICHEN AUFTRÄGE UND DIE AUFSTIEGSFLAMME DEINER MEISTERENERGIEN, IST AKTIVIERT.
DAS LICHT WIRKT. DIE MEISTER SIND ANWESEND.

DER ERSTE
AUFSTIEGSSTRAHL, DIE KÖNIGSBLAUE AUFSTIEGSFLAMME DES GÖTTLICHEN WILLENS, IST AKTIVIERT (11 ALS DOPPELTE 1).
DAS LICHT WIRKT. DIE MEISTER SIND ANWESEND.

CB11

ZWEITER JOKER

12

DER DRITTE AUFSTIEGSSTRAHL, DIE ROSAROTE AUFSTIEGSFLAMME
DES CHRISTUSBEWUSSTSEINS, IST VORRANGIG AKTIVIERT (1+2=3).
DAS LICHT WIRKT. DIE MEISTER SIND ANWESEND.

DER ERSTE AUFSTIEGSSTRAHL, DIE KÖNIGSBLAUE AUFSTIEGSFLAMME
DES GÖTTLICHEN WILLENS, IST AKTIVIERT (DIE 1).

DER ZWEITE AUFSTIEGSSTRAHL, DIE GELBE AUFSTIEGSFLAMME
DER GÖTTLICHEN WEISHEIT, IST VORRANGIG AKTIVIERT (DIE 2).

DER ZWÖLFTE AUFSTIEGSSTRAHL, DIE OPALE AUFSTIEGSFLAMME
DER WIEDERGEBURT, IST AKTIVIERT.

DAS LICHT WIRKT. DIE MEISTER SIND ANWESEND.

In unendlicher Liebe, in der Allgegenwart des
Schöpfers und mit dem Segen des Himmels,

DIE ELOHIM

12

12

ERGÄNZUNGEN

DIE ZAHL 12 BEDEUTET WEITERFÜHREND:

Die Aktivierung des 12. Aufstiegsstrahls der Umwandlung und Wiedergeburt des Aufstiegswürfels CB44, gelenkt durch SANAT KUMARA (Farbe: opalen). Das bedeutet, dieser erste Aufstiegskristall beinhaltet bereits Energien des zweiten Aufstiegskristalls der Strahlen 8–14. Fällt der Kristallwürfel auf diese Zahl, dann wisset, Ihr seid besonders gefordert, aber auch besonders begleitet, da Ihr besonders hohen Energien begegnet, was einmalige Heilungs- und Erkenntnispotenziale in Euch freisetzt.

Sowohl CB11 als erster und die Zahl 12 als zweiter Joker wirken umfassend, da vielfache Lichtqualitäten aktiviert sind.

EINE WEITERE BESONDERHEIT KOMMT DER ZAHL 6 ZU.

Diese wirkt auch als 9 und ruft die hohen Energien des Kristallwürfels CB44 und des magentafarbenen neunten Strahls des Gleichgewichts und der Harmonie, gelenkt durch SANANDA, in Eure Gegenwart.

Der „Kristallwürfel des Aufstiegs" soll pro Sitzung nur einmal gewürfelt werden. Geht spielerisch damit um, jedoch spielt nicht damit.

JAHN J KASSL

CB11

12
12
5
CB11

ZAHLEN IM ÜBERBLICK

DIE ZAHLEN AM KRISTALLWÜRFEL DES AUFSTIEGS IM ÜBERBLICK:

1 WIRKT ALS 1

4 WIRKT ALS 4

5 WIRKT ALS 5

6 WIRKT ALS 6
UND ALS 9

JOKER CB11 WIRKT ALS **7**, 3, 2, 5
UND WIRKT ALS MEISTERZAHL 11

JOKER 12 WIRKT ALS 1, **3**, **2**
UND WIRKT ALS 12

Hervorhebung: vorrangig wirkende Aufstiegsstrahlen bei Joker.

WISSENSWERTES

- ✓ Der Aufstiegskristall behält auch bei geringfügiger Beschädigung (Kante bricht ab) seine Wirkung.

- ✓ Der Aufstiegskristall kann immer mitgeführt werden: Hosentasche, Manteltasche, Handtasche.

- ✓ Berühre den aktivierten Aufstiegskristall während des Tages so oft es sich zeigt. Dadurch wirst Du unmittelbar in die Aufstiegsschwingung — das heißt in einen ausbalancierten Zustand der Liebe — versetzt.

- ✓ Der Aufstiegskristall kann immer und überall aktiviert oder deaktiviert werden. Wichtig dabei ist, dass Du Dich diesem Vorgang ganz hingeben kannst und durch nichts abgelenkt wirst.

- ✓ Der Aufstiegskristall, der in andere Hände (durch Verlust oder sonstige Umstände) gelangt, die nicht für diese Schwingung bereit sind, wird automatisch deaktiviert.

- ✓ Der Aufstiegskristall verliert generell die Wirkung, so es an verantwortungsvollem und bewusstem Umgang damit mangelt, wodurch jeder Missbrauch ausgeschlossen ist.

PUBLIKATIONEN **JAHN J KASSL**

DIE JESUS BIOGRAFIE — TEIL I (2008 gebundene Erstausgabe, 2011 eBook)

LICHT I — HEILUNG DURCH GOTT (2008 gebundene Erstausgabe, 2011 eBook)

LICHT II (2009 gebundene Ausgabe, 2010 eBook)

2026 — OFFENBARUNGEN GOTTES (2010 eBook, 2011 gebundene Ausgabe)

DIE JESUS BIOGRAFIE — TEIL II (2010 eBook, 2011 gebundene Ausgabe)

OFFENBARUNGEN SANANDA — TEIL I (2010 eBook)

DER LICHTNAHRUNGSPROZESS — GRENZERFAHRUNG IN 21 TAGEN (2011 eBook)

13 SCHLÜSSEL ZUM LEBEN (2011 eBook)

30 TORE ZUR ERLEUCHTUNG (2012 eBook)

KURS IM KREIEREN — PAUL DER VENEZIANER (2012 eBook)

KURS ZUR FREIHEIT — BABAJI (2012 eBook)

OFFENBARUNGEN SANANDA — TEIL II (2012 eBook)

TROMMELSCHLAG DES SCHÖPFERS (2013 eBook)

ELIJA PROPHEZEIUNGEN 1 — 48 (2013 eBook)

LEBEN, BAND I (2013 Taschenbuch, eBook 2014)

TELOS, WILLKOMEN IN AGARTHA (2014 Taschenbuch, 2015 eBook)

ELIJA PROPHEZEIUNGEN 49—65
FÜR ALLE 4D-WELTEN BIS IN DAS JAHR 3000 (2014 eBook)

MEISTER-DIALOGE, BAND I (2014 eBook)

Alle Titel erschienen bei **LICHTWELTVERLAG** — erhältlich über **www.lichtweltverlag.com**